LE
RADICALISME

DEVANT

LE PAYS

par un conservateur catholique

Le Radicalisme, c'est la destruction.
Le Radicalisme, voilà l'ennemi !

NOUVELLE ÉDITION

Prix : 25 centimes.

ANNECY

CHEZ TOUS LES LIBRAIRES

LE
RADICALISME

DEVANT

LE PAYS

par un conservateur catholique

———

Le Radicalisme, c'est la destruction.
Le Radicalisme, voilà l'ennemi !

———

NOUVELLE ÉDITION

———

Prix : 25 centimes.

———

ANNECY

CHEZ TOUS LES LIBRAIRES

Annecy. — Impr. J. Niérat et Cie.

Dans un département voisin, M. Réca-
mier écrivait naguère, entre autres choses :
« Ce qui importe aux électeurs et aux can-
« didats, c'est le fond. Vous ne voudriez
« pas faire dire que dans le radicalisme, ce
« qui vous effraie, c'est le mot, mot *mal*
« *famé*, et non la chose. Devant le corps
« électoral, si vous acceptez la responsabi-
« lité de la chose, il faudra aussi accepter le
« mot. »

« Vous me trouverez prompt à répondre
« aux convocations (d'électeurs), prêt à y
« apporter cette conviction que la France n'a
« pas de plus dangereux ennemis que ceux
« qui voudraient lui faire accepter doucereu-
« sement le programme radical en en dé-
« guisant l'étiquette. »

Ces quelques pages sont inspirées par la
conviction profonde, réfléchie et invincible

que le radicalisme — surtout le radicalisme
hypocrite ou opportuniste, doucereux et li-
bérâtre, — « est notre commun péril. » On
tâchera de le démontrer le plus brièvement
possible. Si l'on nomme des personnes, ce
n'est que pour exposer et combattre des erreurs pernicieuses.

Dans cette nouvelle édltion on supprime
le sous-titre, qui promet beaucoup mieux
que ne donne la brochure.

LE RADICALISME

DEVANT LE PAYS

I

LE RADICALISME.

Jamais, depuis 1789, la France ne s'était trouvée dans une situation aussi périlleuse qu'aujourd'hui.

Comme alors, le Pouvoir exécutif est loyal, libéral, animé des meilleures intentions ; comme alors, l'immense majorité des Français est amie de l'ordre, de la paix, de la religion ; mais comme alors aussi une minorité audacieuse, compacte, irréconciliable et prête à tout oser, s'efforce d'agiter et de séduire le pays. Le Maréchal-Président sera plus ferme et plus heureux que Louis XVI ; il ne rencontrera ni moins de difficultés ni moins de gloire.

Le péril suprême de la France, aujourd'hui comme en 1789, comme en 1792, 1793, c'est toujours la *Révolution*, qui s'appelle aujourd'hui le *radicalisme*, en attendant qu'elle devienne demain la *Commune* ou la *Terreur*.

Un « journaliste hors d'âge » écrivait :

« Le radicalisme ! Qu'est-ce que c'est ?

— « Un mot creux et sonore. »

Un des 363, qui sait un peu les ruses de l'*oppor*

tunisme, donnait cette définition curieuse à plus d'un titre :

« Par *radicalisme,* il faut entendre le système d'après lequel on changerait *brusquement, du premier jour,* la plupart des bases de l'ordre social actuel. »

Mais si l'on changeait LENTEMENT, SUCCESSIVEMENT, DE JOUR EN JOUR, la plupart des bases de l'ordre social actuel, — et cela afin de procéder SUREMENT, — ne serait-ce pas encore du *radicalisme ?* Oui, et c'était le *radicalisme opportuniste,* celui qui a distingué la Chambre dissoute le 24 juin. Beaucoup de radicaux méritent l'honneur dû aux faux prophètes :

« Défiez-vous des faux prophètes, qui viennent à vous revêtus de peaux de brebis, et qui, sous cette peau couverte de laine blanche et moëlleuse, sont des loups ravisseurs. »

« Vous les connaîtrez à leurs fruits, » — à leurs œuvres, non à leurs paroles.

Défiez-vous de certains députés qui parlent *blanc* devant les électeurs, et qui votent *rouge* dans la Chambre.

Par *radicalisme,* il faut entendre simplement le *radicalisme,* le radicalisme comme le comprend tout le monde et comme les radicaux l'ont exposé.

Le *Journal des Débats,* on se le rappelle, écrivait récemment :

Aucun des adhérents du grand parti libéral ne subira l'abaissement qu'on propose aux membres du Centre-Gauche, et sans doute aux anciens orléanistes, comme condition du patronage officiel dont ils ne veulent pas. Aucun ne désavouera le radicalisme.

Le *Moniteur universel* lui a répondu :

Du moins, voilà qui est net.

Il est donc bien entendu que le radicalisme est le terrain où la coalition des 363 entend se placer aux élections prochaines.

Voyons donc ce que c'est que le radicalisme et quel est son programme.

Ce que c'est que le radicalisme ?

Voici la définition qu'en a donné un des membres les plus purs, les plus illustres du parti républicain aujourd'hui encore :

« Deux républiques sont possibles :

« L'une abattra le drapeau tricolore sous le drapeau rouge, fera des gros sous avec la colonne, jettera à bas la statue de Napoléon, et dressera la statue de Marat, détruira l'Institut, l'Ecole polytechnique et la Légion d'honneur, ajoutera à l'auguste devise : *Liberté, Egalité, Fraternité,* l'option suivante : *ou la mort !* fera banqueroute, ruinera les riches sans enrichir les pauvres ; anéantira le crédit, qui est la fortune de tous, et le travail, qui est le pain de chacun ; abolira la propriété et la famille ; promènera des têtes sur des piques ; remplira les prisons par le soupçon et les videra par le massacre ; mettra l'Europe en feu et la civilisation en cendres ; fera de la France la patrie des ténèbres ; égorgera la liberté, étouffera les arts, décapitera la pensée, niera Dieu ; remettra en mouvement ces deux machines fatales qui ne vont pas l'une sans l'autre, la planche aux assignats et la bascule de la guillotine ; en un mot, fera froidement ce que les hommes de 93 ont fait ardemment ; et après l'horrible dans le grand que nos pères ont vu, nous montrera le monstrueux dans le petit. »

Cela était écrit longtemps avant la Commune, et est signé : Victor Hugo.

Quant au programme de ce parti radical, il a été arrêté en 1869 par les électeurs de M. Gambetta et accepté par lui dans les termes suivants :

« La répartition des circonscriptions effectuée sur le nombre réel des électeurs de droit, et non sur le nombre des électeurs inscrits...

« Les délits politiques de tout ordre déférés au jury ;

« La liberté de la presse dans toute sa plénitude, débarrassée du timbre et du cautionnement ;

« La suppression des brevets d'imprimerie et de librairie ;

« La liberté de réunion sans entrave et sans piége, avec la liberté de discuter toute matière religieuse, politique et sociale ;

« L'abrogation de l'article 291 du Code pénal ;

« La liberté d'association pleine et entière ;

« La suppression du budget des cultes et la séparation des Eglises de l'Etat ;

« L'instruction primaire laïque et obligatoire, avec concours entre les intelligences d'élite pour l'admission aux cours supérieurs également gratuits.

« La suppression des octrois, la suppression des gros traitements et des cumuls, la modification de notre système d'impôt ;

« La nomination de tous les fonctionnaires publics à l'élection ;

« La suppresssion des armées permanentes, cause de ruine pour les finances et les affaires de la nation, source de haine entre les peuples et de défiances à l'intérieur ;

« L'abolition des priviléges et monopoles, que nous définissons par ces mots : Prime à l'oisiveté ;

« Les réformes économiques qui touchent au problème social, dont la solution, quoique subordonnée à la transformation politique, doit être constamment étudiée et recherchée au nom du principe de justice et d'égalité sociales.

« Ce principe, généralisé et appliqué, peut seul, en effet, faire disparaître l'antagonisme social, et réaliser complètement notre formule :

« *Liberté, Egalité, Fraternité.* »

M. Gambetta jura obéissance à ce contrat auquel, depuis lors, il a été ajouté un nouveau paragraphe, celui de l'amnistie pleine et entière pour les criminels de l'insurrection de 1871.

Ce programme, les intransigeants l'acceptent par l'organe du *Mot d'Ordre*, en faisant observer, toutefois, que c'est en attendant mieux qu'ils s'en tiennent là.

Quand au groupe radical, ce programme est celui de son chef, M. Gambetta, qui n'entend point se parjurer en l'abandonnant.

Enfin le *Journal des Débats*, en déclarant que ses amis ne désavoueront pas le radicalisme, accepte, lui aussi, très explicitement, le programme radical qu'on vient de lire.

Les électeurs savent maintenant à quoi s'en tenir ; le terrain électoral de la coalition des 363 est désormais connu.

Erreurs, chimères, utopies ! s'écriera-t-on.

— Oui, mais quels fleuves de sang ont versés, que de ruines ont amoncelées les erreurs et les utopies !

Le programme radical, M. Gambetta ne l'a jamais renié, ses électeurs y tiennent comme à leur vie; et M. Gambetta, si les électeurs conservateurs n'y mettent bon ordre, le fera réaliser LENTEMENT, MAIS SUREMENT, ou BRUSQUEMENT, selon les circonstances dont profitera sa finesse génoise.

Le *Mot d'Ordre,* journal des radicaux intransigeants, déclare que le programme de 1869 ou de Belleville est resté leur Evangile politique.

Hier, le *Mot d'Ordre* affirmait de nouveau le programme de Belleville de 1869. Aujourd'hui il déclare que l'heure des faux-fuyants, des réticences et du double jeu de l'opportunisme est passé. Il faut, dit-il, que les *bourgeois* proclament à la face du monde s'ils sont pour ou contre la République, en se déclarant pour ou contre le radicalisme.

Le *Mot d'Ordre* a du moins un mérite: il ne cache pas son visage derrière un masque de circonstance. Il ne déguise pas ses sentiments, il ne dissimule pas ses projets. Il est radical, parce qu'il est républicain, et qu'on n'est pas, selon lui, un vrai républicain, lorsqu'on n'est pas un franc radical. Puis il avoue que comme républicain, comme radical, il ne peut pas exiger moins que la réalisation du programme de 1869 ou de Belleville.

Ainsi, la République, pour les radicaux, c'est la mise en pratique de ce programme.   *(Soleil.)*

Combien donc il avait raison, le Maréchal de Mac-Mahon, Président de la République, lorsqu'à Bourges il demandait aux hommes d'ordre de tous les partis « qu'ils fassent trève à leurs divisions *pour écarter le radicalisme,* QUI EST NOTRE COMMUN PÉRIL ! »

Tous les *vrais* conservateurs (il y a aussi les *faux*), applaudissent aux sages paroles prononcées à Tulle, par M. Brunet, ministre de l'instruction publique, des cultes et des beaux-arts :

Tel est aussi le programme (l'ordre et la prospérité à l'intérieur, la paix à l'extérieur, avec le respect qui est dû à un grand pays comme le nôtre), tel est aussi le programme du vaillant et loyal soldat que la France a constitué le gardien et le défenseur de ses destinées, et qui, soyez-en sûrs, ne désertera pas, avant l'heure fixée par la Constitution, le poste que le pays lui a confié. (Bravos. *Qu'il reste jusqu'au bout !* Applaudissements. Vive le Maréchal !)

Il ne s'inspire d'aucune ambition personnelle et il n'entend mettre son nom au service d'aucune prétention dynastique. Chargé d'assurer le maintien d'une Constitution qui, étant la loi du pays, s'impose au respect de tous, il veut lui conserver son caractère et la garder telle qu'il l'a reçue. S'il fait la guerre aux radicaux, c'est pour défendre cette Constitution contre leurs entreprises, et s'il reste sur le terrain conservateur, c'est qu'il n'est pas d'autre terrain pour un gouvernement qui veut vivre et qui se respecte. (Très-bien ! très-bien !)

Le Maréchal veut que, lorsque sonnera l'heure indiquée par la loi pour une révision possible, le pays n'affronte cette épreuve qu'après une expérience faite dans des conditions d'ordre et de calme qui en assurent la sincérité. Il ne veut pas qu'elle se produise à la suite de ces crises violentes que nous ménagerait le radicalisme et qui ne pourraient avoir d'autre effet que d'amener contre l'état de choses actuel des réactions non moins violentes. Loyal et sincère, il veut que tout soit loyal et sincère dans les actes auxquels il attache son nom. (Bravos. Applaudissements.)

Je me suis souvent demandé, depuis le 16 mai, comment il se peut faire que certaines ambitions déçues aient produit chez des esprits réputés clairvoyants jusque-là un tel aveuglement.

Ne voient-ils pas que la République, dont ils se disent les amis, marchait, par les progrès croissants du radicalisme, à une chute inévitable, et peuvent-ils donc se méprendre autant qu'ils semblent le faire sur la portée de l'acte honnête, loyal, absolument constitutionnel et légal, accompli le 16 mai par le Maréchal Président de la République pour le salut de tous? (Applaudissements. prolongés.)

De la sphère élevée où la Constitution l'a mis, il voyait les hommes s'agiter et les événements se dérouler sous ses yeux. Il assistait aux progrès du radicalisme, à son action dissolvante sur les esprits et sur les caractères, à son envahissement de tous les services publics, à la marche lente mais continue qui le conduisait à devenir aujourd'hui le protecteur de ceux qui prétendaient le contenir et le régler, demain leur maître, et bientôt le seul maître de tous.

Il pouvait compter les jours de plus en plus rares qui nous séparaient de la crise dernière, crise terrible, dans laquelle toutes nos institutions politiques et sociales pouvaient sombrer; et, lorsqu'il a été bien évident pour lui que telle était la conclusion fatale de la marche politique dans laquelle on voulait l'entraîner, sa conscience ne lui a pas permis de laisser faire plus longtemps.

Il n'a pas voulu souffrir qu'on arrachât de ses mains le dépôt qui lui était confié. (Très-bien! très-bien!) Gardien de la Constitution, il a poussé le cri d'alarme, et, s'adressant au pays, il lui a dit : « Ceux-là sont à la veille de vous perdre; moi, je veux vous sauver. Leur politique vous conduit au désordre; la mienne vous assure l'ordre, la paix et la sécurité; dites laquelle des deux est à vos yeux la meilleure. » (Très-bien! C'est la sienne! Applaudissements répétés.)

Le choix, Messieurs ne saurait être douteux. Il faudrait désespérer à jamais de notre France, cette terre des élans généreux, si elle restait insensible au langage de l'homme qui se met au travers des dangers qui la menacent; et, Dieu merci, nous n'en sommes pas là! (Très-bien! très-bien!)

Maintenant que nous savons un peu ce qu'est le *radicalisme*, nous entrevoyons quels fruits il faut en attendre. Instruisons-nous davantage encore par une étude sommaire des chefs radicaux.

II

LES CHEFS RADICAUX

Dans l'armée radicale, le chef des chefs est M. Léon Gambetta, fils d'un épicier gênois, fixé à Cahors.

MM. Naquet, Duportal, etc., ne brillent pas encore au premier rang, quoique cela ne puisse tarder.

M. Rochefort, le héros des communards de Genève, ne saurait pour le moment passer la frontière et faire échec au *lion* des gauches : *ego nominor leo*.

Commençons donc par Gambetta. A tout seigneur, tout honneur.

Si mieux que tout autre un orateur peut parler d'un orateur, un poète d'un poète, un artiste d'un artiste, un radical est dans les meilleures conditions pour étudier, connaître et peindre un radical. Un *clérical* serait suspect d'ignorance ou d'incompétence. Laissons donc la parole à M. *Ordinaire* :

M. Gambetta était un étudiant du quartier Latin, sans sou ni maille, cherchant des causes et sa voie sur sur les marches du Palais-de-Justice. De temps en temps, M. Laurier, qui l'aimait beaucoup, payait ses voyages, et c'est dans une de ces pérégrinations que le républicain farouche et infaillible d'aujourd'hui fut l'hôte de la famille d'Orléans.

A présent il est riche, il a un hôtel, un équipage, il joue vingt-cinq louis à l'écarté, à la bouillotte ou au baccarat, et il a une suite nombreuse de courtisans, qu'il traite, du reste, comme ils le méritent, avec la dernière insolence; il paraît dépenser 100,000 fr. par an, rit bien haut, engraisse, et considère ses subordonnés et ses flatteurs comme des imbéciles.

Il y a loin de l'époque où, pauvre, dévoré de l'ambition de parvenir et de jouir, il lançait les foudres de son éloquence contre l'Empire et la période que nous traversons! Maintenant le tribun d'autrefois cherche à consolider sa fortune, à préparer son avénement à la présidence, ou même, si un accident survenait, à ne pas rendre impossible sa place dans le ministère d'une monarchie.

Fin comme un Génois, pour sauvegarder ses intérêts personnels, il a toujours mal gouverné la barque de la démocratie; et je ne sais par suite de quelle aberration, de quelle illusion, certains personnages sont arrivés à lui faire une réputation d'habileté incomparable, à le proclamer un homme d'Etat digne du cardinal de Richelieu.

Les circonstances l'ont favorisé et l'ont imposé à la première place, au 4 septembre, après avoir refusé d'installer la République au 12 août 1870, préférant attendre le désastre de Sedan. A cette date même, il n'était pas le partisan d'un changement de gouvernement.

Quels desseins s'agitaient dans son cerveau? Il jugea rapidement, lorsque l'investissement de Paris fut effectué, que la Défense nationale marchait à une capitulation plus ou moins éloignée, et craignant d'être compromis, de s'user dans l'esprit de la population patriote de la capitale, il s'évada en ballon et devint un dictateur, déployant une activité fiévreuse qui se traduisait par la nomination des généraux du régime déchu, par un bouleversement complet dans les attributions des autorités civiles et militaires, par le refus à la nation de se donner une Convention chargée d'organiser la résistance, ou bien de traiter suivant les circonstances avec le gouvernement ennemi.

Il vit même avec mécontentement l'arrivée de Garibaldi, dont la popularité l'importunait, et il ne craignit pas de lui offrir le commandement de trois cents hommes! Redoutant, néanmoins, l'effet que ne manquerait pas de produire sur les républicains le départ de l'illustre patriote italien, il se résigna à lui créer une situation plus importante ; mais il ne lui donna jamais la facilité d'accomplir sa tâche.

Quand l'armistice fut signé, quand l'Assemblée nationale fut réunie, il comprit que sa fortune personnelle exigeait une éclipse momentanée. La Commune allait éclater : il aurait pris parti pour elle si elle eût été vaincue, il s'imposait à l'Assemblée comme chef de l'opposition. Il continuait à pas de géant sa marche vers le Capitole.

Il s'enfuit alors pour voir de quel côté le vent soufflerait et se dirigea vers la plage de Saint-Sébastien pour orienter sa voile. Je passerai sous silence l'emploi de son temps, quoique des détails assez piquants aient été recueillis dans une maison de la rue Roquépine, où il a laissé traîner une volumineuse correspondance que de nombreux émissaires ont tenté plus d'une fois de racheter.

M. *Ordinaire*, après des détails assez curieux que nous omettons cependant, ajoute :

Je suis entré riche dans la vie politique, monsieur Gambetta, et vous, lorsque *vous avez choisi votre carrière*, vous étiez pauvre. Vos entreprises ont réussi, et les miennes ont avorté. Vous avez le triomphe, j'ai trouvé la défaite. A bientôt la revanche, et ce sera l'avénement du socialisme républicain.

Je laisse à d'autres le soin de découvrir de quelle façon vous avez fait fortune : il me répugne d'accomplir cette besogne vis-à-vis d'un ancien ami avec lequel j'ai eu des rapports confidentiels, notamment lorsque l'hôte de Frosdorf voulait remonter sur le trône de France. Je vous ai défendu contre les bonapartistes à la gare Saint-Lazare, et peut-être, ce jour-là, m'avez-vous dû la vie.

Mais, maintenant, je vous ai jugé à votre juste valeur; j'ai pu apprécier la duplicité, l'esprit d'égoïsme et d'ambition personnelle qui se cachait sous les dehors d'une fausse bonhomie.

Tout est calcul dans votre conduite ; ainsi, vous avez voulu habiter la Chaussée-d'Antin, parce que Mirabeau est mort dans cette rue et que vous désirez être comparé à Mirabeau, le modèle que vous vous êtes proposé.

Vous avez, en effet, tous ses vices; mais votre talent ne s'élèvera jamais à la hauteur de son génie.

Vous conserverez encore quelque temps un prestige
qui s'en ira bientôt en fumée, par suite d'un accident ou
d'une révélation quelconque, et il ne restera de vous
que l'écho toujours faiblissant du tapage dont vous avez
rempli la France.

Signé : F. ORDINAIRE,

*Ancien député du Rhône, ancien conseiller municipal
de Mâcon, ancien conseiller général du Rhône.*

Un vieux journaliste, mais tout jeune gambettiste
(pourquoi?

. . . . O vieillesse ennemie!
N'a-t-il donc tant vécu que pour cette *ophthalmie?)*

disait, il y a sept ans :

Le gouvernement de la Défense nationale, ce gouvernement de l'arbitraire et de l'impuissance, qui a voulu
sauver la France sans la consulter; ce gouvernement
qui a remplacé les conseils municipaux par des commissions municipales qu'il a nommées; ce gouvernement
qui a dissous les conseils généraux issus du suffrage
universel pour y substituer des commissions départementales discrétionnairement désignées par des préfets
improvisés; ce prétendu gouvernement de la Défense
nationale n'aura été, à tous les échelons, que le gouvernement de la défiance nationale, de l'ignorance politique
et de l'impuissance républicaine.

Ces paroles furent écrites par M. Emile de Girardin
en octobre 1870. Elles sont à la page 208 de son livre
le *Gouffre.*

Et ailleurs :

La conduite et le langage de MM. Jules Favre et *Léon
Gambetta* sont-ils le langage et la conduite que devaient
tenir les membres d'une Assemblée? Est-ce que devant
l'émeute la minorité devait se séparer de la majorité?
Est-ce que, assermentées toutes les deux, elles n'étaient
pas tenues l'une et l'autre de faire respecter dans chacun
de leurs membres l'inviolabilité de la représentation
nationale? De la part de M. Jules Favre et de Léon

Gambetta, est-ce un noble rôle que celui qui a consisté, eux membres du Corps-Législatif, à crier : A l'Hôtel-de-Ville! à l'Hôtel-de-Ville!

Entre cette conduite et le langage tenu le 31 octobre par MM. Flourens et Blanqui, où est la différence ?

Messieurs de la minorité du Corps-Législatif qui, le 4 septembre, « avez pris en main les destinées de la France, » qu'en avez-vous fait ?

Messieurs de la minorité du Corps-Législatif qui, le 4 septembre, « avez juré de vous faire tuer jusqu'au dernier, » lequel de vous s'est fait tuer ?

Du 4 septembre 1870 au 8 février 1871, vous avez exercé pleinement la dictature pendant cinq mois : *l'heure a sonné des comptes à rendre.*

Rendez compte de toutes les sommes que vous avez follement dépensées.

Rendez compte de tous vos décrets inconsidérés se dédisant ou faisant double emploi, par lesquels, au nom « de la guerre à outrance, » au nom « du pacte avec la mort, sinon avec la victoire, » vous avez enlevé à l'agriculture, à l'industrie, au commerce, tous les hommes de vingt à quarante ans, valides ou réformés!...

Si encore votre impuissance s'était bornée à ne pas organiser la victoire! Mais votre incapacité a désorganisé la France!

Impuissants pour le bien, vous avez été tout-puissants pour le mal !

Aucun avertissement ne vous a arrêtés.

Aucun conseil ne vous a éclairés.

Lorsque le pays, qui ne sait encore que superficiellement et très-incomplètement ce que lui auront coûté vos cinq mois de présomption, d'usurpation et de dictaiure, lorsque le pays le saura exactement, il vous maudira, et ce sera justice.

Aussi, vous vous êtes opposés de toutes vos forces à la convocation d'une Assemblée, afin de retarder le plus longtemps possible, sous tous les prétextes les plus vains, le jour des comptes à rendre ; gouvernement de la Défense nationale, il a fallu, pour vous arracher cette convocation tardive, que vous y fussiez contraints par la faim de Paris, réduit à la dernière bouchée de pain par le comte de Bismark.

Oui, il a fallu que ce fût le premier ministre du roi Guillaume qui prît contre vous la défense de la liberté électorale du suffrage universel, du droit de la France !

Renégat de la souveraineté nationale, parvenus de l'émeute, qui n'avez eu ni les scrupules de Grévy, ni l'audace de Flourens, blanquistes timorés, vous avez donc bien peur des comptes que vous aurez à rendre !

Un autre républicain, M. Lanfrey, a buriné sur le gouvernement de Gambetta cette page qui appartient à l'histoire :

Nous avions trois mois de répit. C'était plus qu'il ne fallait pour organiser une armée solide et redoutable. Les éléments ne manquaient pas ; ils ne demandaient qu'à être réunis et disciplinés. On a préféré lever d'énormes quantités d'hommes qu'on ne pouvait ni armer, ni équiper, ni nourrir. On a jeté partout le désordre et la désorganisation, tout en se gardant bien de ne rien changer à la vieille routine administrative et militaire.

On a détruit la confiance du soldat par des destitutions sans motifs, bientôt suivies de réhabilitations sans effet. On a fait des chefs d'armée avec des journalistes de troisième ordre ; on a livré nos emprunts aux aventuriers de la finance ; on a confié des fonctions de la plus haute importance à des bohèmes politiques qui parlent du matin au soir de faire des pactes avec la mort, et qui n'ont fait de pactes qu'avec leurs appointements....

Et plus loin :

Il est temps d'en finir avec la déclamation, de mettre un terme à ce régime d'arbitraire, d'impéritie, de dissimulation et d'impuissance. Il est temps que la nation qui a su faire de si grandes choses soit représentée par les hommes qu'elle aura jugés les plus capables de la conduire. Nous le demandions, il y a trois mois, au nom de la consolidation de la République : nous la demandons aujourd'hui au nom de la France. Au reste, quel que soit l'accueil réservé à des vœux si légitimes, il n'est pas difficile de prévoir le jour où ils s'imposeront comme une nécessité. La France a subi bien des dictatures, mais il en est une qu'elle n'a jamais supportée longtemps : c'est la dictature de l'incapacité.

Il semble que le portrait du *lion des gauches*, du grand-lama du budget, est assez complet comme cela.

Afin qu'on ne pût nous accuser d'injustice, de partialité ou d'exagération, nous n'avons reproduit que des traits peints d'après nature par des amateurs de son parti.

Passons à M. Thiers (1). Ecoutons M. Ordinaire, interpellant M. Gambetta :

C'est après l'élection du 2 juillet 1871 que je fis votre connaissance, monsieur Gambetta; vous n'étiez pas satisfait de l'attitude de M. Thiers à votre égard, et vous vous répandiez en invectives contre celui qui vous avait traité de « fou furieux. »

Il me souvient qu'un soir nous revenions ensemble de Versailles par la rive gauche, et vous parliez du Président de la République dans des termes que *je ne veux pas rapporter*, mais que je puis traduire ainsi :

— Je prouverai bientôt par des documents que cet homme a été funeste à la France dans son voyage diplomatique auprès des différentes cours de l'Europe.

Je traduis votre pensée pour ne pas employer le mot cru, exact, présent à ma mémoire, dont vous vous êtes servi à l'égard de M. Thiers.

Mais en voilà bien assez pour faire suffisamment connaître les princes du *radicalisme*, les parvenus enrichis dans la carrière de la Révolution, ces hommes que leur parti vante comme *illustres*, et que l'histoire jugera sévèrement.

On connaîtra les disciples d'après le proverbe : *Dis-moi qui tu fréquentes, et je te dirai qui tu es. Dis-moi à qui tu te soumets, et je te dirai ce que tu vaux. C'est d'après la tête qu'on doit juger les membres : Ab uno disce omnes.*

(1) Ces pages étaient déjà à l'imprimerie, lorsque la mort frappait inopinément M. Thiers. Devant cette tombe ouverte, la polémique se tait. On laisse une citation seulement.

Si les 363 (ils ne sont plus 363) sont réélus,
M. Gambetta sera plus que jamais l'Agamemnon des
radicaux :

Le plan de M. Gambetta est bien simple : se servir du
Centre-Gauche avant les élections et pendant les élections, afin de rassurer un peu le pays ; noyer le Centre-
Gauche parmi les 363, où il n'entre que pour un chiffre
insignifiant. Après les élections, déclarer qu'on a tous
été nommés *au même titre;* plus de Centre-Gauche, plus
de Gauche, plus d'Extrême-Gauche, tous républicains !
Or, comme les amis de M. Gambetta forment la majorité de la majorité dissoute, le Centre-Gauche ne sera
plus qu'un souvenir, et M. Gambetta sera le maître.
Il ne manque à la réalisation de ce projet que la rati-
fication du pays.

Or, ce qui précède — comme ce qui suit —
prouve avec une évidence irrésistible que le règne
de M. Gambetta n'est pas à l'avantage du pays.

III

LA CHAMBRE DISSOUTE LE 24 JUIN.

Entre le Président et le Sénat, qui sont conservateurs, et la Chambre des députés, dont la majorité
appartenait aux différentes gauches, soit au *radicalisme* (opportuniste ou non), l'accord ne pouvait
longtemps durer.

Le législateur savait que « les assemblées ont fait
plus de folies que n'en ont jamais fait ou n'en feront
jamais les rois et les présidents ; » c'est pourquoi
la *Constitution* a donné au Président de la République le pouvoir de dissoudre, moyennant l'avis
conforme du Sénat, une Chambre « qui ferait des
folies. »

L'accord entre la Chambre et le Sénat était celui
de rouages qui, dans une même machine, souvent
marchent en sens contraire ou se heurtent, lorsqu'ils
devraient toujours contribuer au même effet utile.

La Chambre n'a pas voulu davantage s'accorder
avec le Pouvoir exécutif, dont la patience impa-
tientait les conservateurs. On commençait même à
craindre que le Président ne fût patient, « jusqu'à
être obligé de s'en repentir. » Sous le ministère de
Jules Simon, le *radicalisme* n'allait plus *lentement*,
croyant aller *sûrement*. Le journal *Le Monde* a nette-
ment tracé la situation respective du Président et de
la Chambre :

En réalité, les 363 disaient au Président : Nous ne
vous avons pas élu, vous nous déplaisez, allez-vous-en ;
ou, si vous voulez rester, prenez les ministres que nous
vous désignons, et ne vous occupez plus des affaires.
C'est très simple, mais le Maréchal peut répondre aux
députés : Abdiquez vous-mêmes. Or, les députés n'ont
pas le droit d'abdiquer ; ils ont, comme le Président lui-

même, le droit de rester, pour concourir, par la formation de la loi, à la part du gouvernement qui leur est déférée. La Chambre des Députés doit un double concours au Président : un concours obligatoire, passif, quant aux lois votées et en cours d'exécution ; un concours facultatif pour les lois nouvelles.

Après avoir promis monts et merveilles, qu'ont fait les 363 pour le pays ?

Ils se sont beaucoup loués, beaucoup admirés dans leur incurable outrecuidance.

Ils ont touché à beaucoup de choses, comme les gens qui ne savent pas travailler. On ignore à quoi se réduit leur travail utile : *In vanum laboraverunt !*

Si l'on demandait : De toutes les assemblées françaises, quelle a été la moins capable, la moins éclairée, la moins laborieuse, la plus *couche nouvelle,* la réponse serait trop facile.

La majorité gambettiste a augmenté les dépenses de l'Etat pour l'instruction publique ; mais, de l'aveu de ses orateurs, c'est pour rendre *lentement* et *sûrement* l'instruction *laïque,* c'est-à-dire anticatholique et *obligatoire ;* c'est pour en faire la force et l'appui du *radicalisme* triomphant.

Aussi, quoi qu'en disent les 363 intéressés à puiser au budget de l'Etat, le départ d'une Chambre qui travaillait si peu a causé une grande joie dans le pays. Jamais le calme et la sécurité publique n'ont été plus complets que depuis le jour de la dissolution.

M. Jules Philippe a longuement énuméré les projets, ainsi que les faits et gestes de la Chambre dissoute. *On connaît un arbre à ses fruits,* non à ses feuilles, ni à ses fleurs, qui sont des projets de fruits. De même on juge sûrement une assemblée d'après ses œuvres. La « blague oratoire « de Gambetta a peu de valeur si l'on examine ce qu'elle renferme : beaucoup de fumée.

Le tableau suivant, dressé par le *Propagateur du Nord,* édifiera le public :

Le bilan parlementaire des 363.

Le 8 mars. — M. Raspail, doyen d'âge, ouvre la session.

Les 9, 10 et 11. — Commencement de la vérification des pouvoirs.

Le 14. — M. Léon Say, ministre des finances, dépose le budget général de 1877. (*Nous prions le lecteur de se souvenir de cette date.*) — Première demande d'amnistie. Commencement des invalidations.

Du 15 au 20. — Rapports sur les élections.

Le 20. — Invalidation Malartre.

Le 21. — Les républicains votent l'enquête pour l'élection du comte d'Aiguesvives, malgré le bureau, qui conclut à la validation.

Le 22. — M. Waddington propose de modifier la loi sur l'enseignement supérieur. — Crise.

Le 23. — Projets d'amnistie déposés à la Chambre par MM. Raspail, Périn, Barodet, Margue, Boysset, Tirard et Rouvier.

Le 24. — Enquête sur l'élection de M. de Mun et sur l'élection de M. Tron.

Le 25. — Invalidation de M. Aymé de la Chevrelière. — MM. Lockroy, Barodet, etc., demandent la suppression du budget des cultes.

Le 26. — Suite des invalidations.

Le 27. — Invalidation de M. Haentjens.

Le 28. — Invalidation de M. Gavini.

Le 31. — Invalidation de M. de La Rochejaquelein. — M. Léon Renault s'écrie : « *Il y a un intérêt d'ordre public à ne pas multiplier les invalidations.* » Les républicains n'en continuent que de plus belle.

AVRIL.

Le 1er. — Invalidation du duc de Feltre, — M. Grévy reproche à la Chambre de ne rien faire ; alors, elle invalide M. de Cardenau.

Le 4. — MM. Barodet, Durand, Ordinaire, demandent le rétablissement de la mairie centrale de Lyon, c'est-à-dire la Commune révolutionnaire.

Le 5. — Invalidation de M. de Miramon. — Invalidation de M. de Peyrusse.

Le 6. — Invalidation de M. Cunéo d'Ornano.

Le 7. — Invalidation de M. de Boigne.

Le 8. — Invalidation de M. Chesnelong. — Invalidation de M. Fairé.

Le 10. — Invalidation de M. Rouher.

Le 11. — Invalidation de M. Veillet. — Les républicains, fatigués d'invalider, se votent un congé d'un mois.

MAI.

Le 10. — Ajournement de l'amnistie.

Le 15. — Nouvel ajournement de l'amnistie.

Le 16. — La discussion de l'amnistie commence.

Le 17. — Discours de M. Clémenceau en faveur de l'amnistie. — Discours de M. Lockroy en faveur de l'amnistie.

Le 18. — Discours de M. Perin en faveur de l'amnistie. — Discours de M. Raspail en faveur de l'amnistie.

Le 19. — Discours de M. Naquet en faveur de l'amnistie. — M. Dufaure est obligé de poser la question de confiance. L'amnistie est repoussée, mais elle reparaîtra bientôt sous une autre forme.

Le 20. — Enquête sur l'élection de M. du Demaine. La Chambre, fatiguée, se vote six jours de vacances.

Le 26. — Proposition Gatineau, encore pour l'amnistie.

Le 29. — Invalidation de M. le prince de Lucinge. Les républicains se revotent quatre jours de vacances.

JUIN.

Le 1er. — Modification de la loi sur l'enseignement supérieur. — La discussion commence.

Le 2. — M. Spuller, rapporteur, déclare que contre les catholiques, il faut aller *lentement*, mais *sûrement*.

Le 8. — Les républicains votent la loi.

Le 9. — MM. Naquet et Tallandier attaquent la magistrature.

Le 10. — La Chambre discute son règlement.

Le 12. — Interpellation Laisant. — Provocation à l'indiscipline dans l'armée.

Le 16. — L'élection de M. Bartholi, républicain, est validée, malgré des griefs sérieux.

Le 17. — L'élection de M. Carré-Kérisouet, républicain, est validée malgré d'aussi nombreux griefs.

Le 20. — M. Schœlcher demande l'abolition de la peine de mort.

Le 23. — Un député de la *Droite*, pour alléger les charges qui pèsent sur les petits consommateurs, *propose de diminuer les droits qui grèvent les vins.* — Les républicains s'y opposent.

Le 25. — M. Naquet demande le divorce.

Le 26. — Validation des républicains Loustalot et Maillé, malgré de nombreux griefs.

Le 29. — La Droite demande pour la seconde fois la mise à l'ordre du jour de la loi municipale. Les républicains s'y refusent.

JUILLET.

Le 7. — Invalidation de M. Peyrusse pour la deuxième fois. Le ministre républicain, M. de Marcère, vient atténuer la culpabilité des complices de la Commune.

Les 11 et 12. — Discussion de la loi municipale. Les républicains, qui avaient promis aux conseils municipaux le droit de nommer leurs maires, votent une loi qui enlève ce droit aux conseils municipaux dans les chefs-lieux de département, d'arrondissement et de canton.

Le 13. — Invalidation du comte de Mun.

Le 14. — Le ministre des finances demande à ce qu'on discute *le budget qui avait été déposé le 14 mars, c'est-à-dire quatre mois auparavant.* — Les républicains retardent encore.

Le 17. — La Chambre demande à se proroger.

Le 22. — Raspail fils demande la mise en accusation des militaires; il s'écrie: « *Des officiers ont déshonoré le drapeau national.* » Crise. — Conflit avec le Sénat.

Invalidation de M. Tron.

La discussion du budget est encore renvoyée.

Le 23. — Crise.

Le 24. — Les républicains se votent des médailles.

Le 25. — Les républicains se votent trois jours de vacances.

Le 27. — Enfin, la discussion générale du budget commence, elle dure une demi-heure.

Le 28. — Grand tumulte à la Chambre.

Le 29. — M. Tallandier demande la suppression des appointements des professeurs de théologie.

AOUT.

Le 1ᵉʳ. — Rapport de M. Langlois sur le budget de la guerre.

Le 2. — La commission républicaine demande : « Pour l'armée de Paris, la suppression de l'indemnité de logement; pour l'armée d'Afrique, la suppression de l'entrée en campagne ; pour les malades militaires, une réduction de secours; pour les invalides, la fermeture de leur hôtel; pour l'état-major, la suppression des crédits.

Le 4. — Toujours l'amnistie. Demande de mise à l'ordre du jour de la proposition Gatineau.

Le 5. — Les républicains retranchent 14 millions sur les vivres destinés au soldats. — Ils suppriment le budget des aumôniers militaires.

Le 10. — M. Madier de Montjau dit que les officiers sont des *voleurs*. — M. Raspail dit qu'ils sont des *assassins*.

Le 12. — Les républicains, fatigués, se votent des vacances. — Le budget n'est pas encore voté en entier.

SEPTEMBRE.

La Chambre est en vacances.

OCTOBRE.

La Chambre est toujours en vacances.

Le 30. — Rentrée de la Chambre. — La séance dure quelques minutes. — Les républicains se revotent des vacances jusqu'au 3 novembre.

NOVEMBRE.

Le 3. — Au lieu de s'occuper du budget, les républicains recommencent à s'occuper de l'amnistie.

Le 4. — La proposition Gatineau, autrement dit l'*amnistie déguisée*, est votée par 311 voix.

Le 6. — Les républicains réduisent le crédit relatif aux aumôniers de la marine.

Le 10. — M. Dufaure est menacé. — Crise.

Le 13. — Les républicains votent le commencement de la désorganisation de l'administration en supprimant les crédits affectés aux sous-préfectures de Sceaux et de Saint-Denis.

Le 16. — Invalidation de M. du Demaine.

Le 18. — M. Dufaure veut défendre la Justice. Il est interrompu à chaque instant par les rires, les exclamations et les ricanements des républicains.

Le 20. — La commission du budget raie de sa propre autorité un traité signé entre le ministre de l'intérieur et M. Dalloz. — Les tribunaux sont obligés de casser ce vote en condamnant l'Etat.

Le 21. — Honneurs militaires. — M. Floquet vient défendre les enterrements civils.

Le 23. — Le républicain Bernard-Lavergne demande la séparation de l'Eglise et de l'Etat.

Les 24 et 25. — Les républicains insultent les catholiques.

DÉCEMBRE.

Le 2. — Incident relatif aux honneurs funèbres. — Le ministre républicain M. de Marcère commet ce qu'on peut appeler *un abus de confiance politique.*

Le 3. — M. Decazes dit en s'adressant à M. de Marcère : « *Je n'avais donné à personne le droit de me traîner dans la boue.* » Le ministère donne sa démission.— Crise.

Le 4. — Crise.

Le 5. — Crise.

Le 6. — Crise.

Le 7. — M. Léon Say, ministre des finances, supplie l'Assemblée de ne pas *retarder davantage le vote du budget* : « Rien, dit-il, ne serait plus malheureux au point de vue financier et au point de vue politique. — Il y aurait là une sorte d'*aveu d'impuissance.* »

Les républicains n'écoutant rien, demandent un nouveau renvoi. — Grand tumulte.

Le 8. — Crise.
Le 9. — Crise.
Le 13. — Ministère Jules Simon.
Le 14. — Enfin, les républicains consentent à voter *le budget des recettes*, qu'ils avaient mis plus de *huit mois* à étudier; et ils trouvent le moyen de voter une augmentation sur le budget primitif de 165 millions 742 mille francs.
Le 22. — Une proposition tendant à améliorer le sort des sous-officiers est rejetée.
Le 23. — Le Sénat rétablit les crédits supprimés.
Le 25. — Conflit.
Le 26. — Crise.
Le 27. — Crise.
Le 28. — Crise.
Le 30. — Fin de la session.

ANNÉE 1877. — JANVIER.

Le 9. — Ouverture de la session.
Le 11. — M. Léon Say dépose le nouveau budget, qui devait traîner en longueur comme le précédent.
Le 12. — Incident Bailleul. Grande scène de tumulte. Le ministre républicain Martel, oubliant tout respect dû à la magistratuee, blâme un arrêt de la Cour. — Un autre républicain, M. Viette, s'écrie: « Les *magistrats* qui parlent d'opportunité politique sont des *coquins*. »
Le 13. — L'Assemblée se vote des vacances.
Le 16. — L'Assemblée recommence ses séances, mais les républicains, fatigués, se revotent des vacances.

FÉVRIER.

Le 1er. — Les républicains recommencent leurs interpellations. Jules Simon lui-même est obligé de faire cet aveu: « Avec les interpellations qu'on m'adresse tous les jours, il me devient impossible de vaquer à l'administration du pays. »
Le 3. — Le républicain Ordinaire prolonge et aggrave par sa déclaration, la crise que subit le commerce de Lyon.
Le 5. — Après avoir aboli les décrets de 1852, les

républicains, oublieux de toutes leurs promesses, réta-
blissent les lois draconiennes de 1849 sur la presse.

Le 6. — Raspail dépose une proposition outrageante
sur le mariage des prêtres.

Le 17. — La Gauche veut empêcher l'Assemblée d'assister aux obsèques du général Changarnier. — Un républicain, M. de Lacretelle, dit que « *la Chambre manque trop souvent à son mandat.* »

Le 23. — Demande en autorisation de poursuites contre M. Paul de Cassagnac.

MARS.

Le 1er. — Les commissions républicaines ne font
rien. Plusieurs membres de la Droite demandent à pouvoir interpeller les commissions sur ces retards systé-
matiques.

Le 3. — La Chambre adopte le projet Baussire, qui
est une violation flagrante de la Constitution.

Le 5. — Les députés arrivent à peine à pouvoir faire
durer les séances jusqu'à quatre heures.

Le 12.— Commencement de la fameuse discussion des
chemins de fer. (Le procès Ordinaire nous a appris
quels intérêts s'agitaient derrière ces questions.)

Le 16. — Les républicains votent des poursuites contre M. Paul de Cassagnac.

Le 19. — M. Richard Waddington, rapporteur de la
loi sur les chemins de fer, s'excuse d'être obligé de parler de choses sérieuses. « Je me vois obligé de parler
d'affaires, dit-il; je vous en supplie, ne vous impatien-
tez pas trop. »

Le 24. — L'élection du républicain Mestreau est validée malgré de nombreux griefs.

Le républicain Destremx propose à la Chambre une
loi ayant pour objet de permettre aux députés de *voya-
ger gratuitement* sur les chemins de fer de l'Ouest.

Les républicains, fatigués, se votent un mois de vacances.

Leurs travaux sont interrompus, mais leurs appointements vont toujours.

AVRIL.

La Chambre est en vacances.

MAI.

Le 3. — Attaques contre les catholiques. Discours **Le-blond**. Un Savoyard proteste contre « l'intérêt odieux des sacristies » et réclame « toutes les mesures nécessaires. »

Le 4. — Attaques contre les catholiques. — Discours de M. Gambetta.

Le 4. — Les républicains adoptent un ordre du jour dont le sens est: *les catholiques français sont les ennemis de la patrie ; il faut les mettre hors la loi.*

Le 5. — Crise.

Le 7. — M. Talandier propose la rétribution des fonctions de maire et d'adjoint.

Le 8. — Grande scène de tumulte. — Les députés se menacent, les insultes se croisent. Tout le monde s'injurie. — M. Jules Simon, s'adressant à M. Janvier de Lamothe : « Monsieur, vous m'insultez. » M. Janvier de Lamothe répond : « Parfaitement. »

Le 16. — Crise ministérielle.

Le 18. — Prorogation.

JUIN.

Le 16. — Crise.

Le 18. — Crise.

Le 19. — Crise.

Le 21. — La Chambre refuse de voter les quatre contributions directes.

Le 24. — Dissolution de la Chambre.

IV

« LE CLÉRICALISME, VOILA L'ENNEMI ! »

Dans le résumé des travaux de la Chambre, le lecteur a pu remarquer ces lignes :

MAI 1877.

Le 3. — Attaques contre les catholiques. Discours Leblond. Un Savoyard proteste contre « l'intérêt odieux des sacristies » et réclame « toutes les mesures nécessaires. »

Le 4. — Attaques contre les catholiques. — Discours de M. Gambetta.

Or, les catholiques français sont au moins *trente millions.* Ceux qui les mettent hors la loi se donneront gratuitement une rude besogne.

La *Terreur* est plus funeste encore aux persécuteurs qu'aux victimes. Elle est impolitique au premier chef.

Un de nos députés, pour excuser le vote belliqueux du 4 mai et « pour ne pas égarer les simples, » trouve une distinction singulière, « la distinction que la Chambre a toujours maintenue entre la *religion* proprement dite et le *cléricalisme,* soit l'*ultramontanisme.* » Et ce que la Chambre distingue si bien, selon lui, tous les Français le distinguent aussi :

« Il n'est pas un citoyen de la moindre des communes de France qui ne connaisse aujourd'hui la différence qu'il y a entre le *cléricalisme* ou l'*ultramontanisme* et la *religion* proprement dite (1). »

La découverte de cette distinction rappelle l'immortelle découverte de l'île de Pondichéry.

La vérité est que l'*ultramontanisme* est la religion dont le Chef visible a son siége *au-delà des monts,* au-delà DES ALPES (sans jeu de mots). La vraie religion, dont le Chef invisible est au Ciel, et le Chef visible à Rome, c'est la *religion catholique.* Tout récemment, l'infaillible Pontife qui enseigne l'Eglise universelle, a confirmé notre foi sur ce point :

« D'autres se disent catholiques, mais ne sont pas cléricaux. C'est une contradiction, CAR LE CLÉRICA-

(1) *La Chambre devant le Pays,* par J. Philippe, p. 18.

LISME N'EST AUTRE CHOSE QUE LA RELIGION CATHO-
LIQUE. »

Le fameux cri de guerre, qui a emporté les votes
du 4 mai :

LE CLÉRICALISME, VOILA L'ENNEMI ! signifie donc :
LA RELIGION CATHOLIQUE, VOILA L'ENNEMI !

Direz-vous que le Pape se trompe sur les choses
de la religion? Alors, vous n'êtes pas catholique :
vous êtes condamné devant Dieu par le fait même
de votre hérésie.

Reconnaissez-vous que le Pape a dit vrai? Alors
condamnez le vote du 4 mai contre les catholiques
de la France ; sinon, le vote du 4 mai sera condamné
par les électeurs qui font usage de leur conscience.

Le mot CLÉRICALISME est un barbarisme dont les
francs-maçons et les autres ennemis de l'Eglise catholique se servent pour la mépriser et « pour égarer
les simples, » mais ce *mot* est mille fois moins
barbare que les *choses* qu'on médite et qu'on pré-
pare contre la vraie Eglise toujours attaquée et toujours triomphante depuis dix-huit siècles.

Les gambettistes, n'osant brusquement supprimer
le budget du culte catholique, ont fait ce qu'ils
ont pu pour le désorganiser.

Quant à la *religion proprement dite*, qu'est-ce que
cela pourrait bien être? Est-ce celle de l'*Etre suprême*,
essayée par Robespierre, par Robespierre même !
tant cet homme, ou plutôt ce monstre à face humaine
sentait l'impérieux et invincible besoin d'une religion !

Est-ce celle des francs-maçons (ni francs ni maçons),
qui se sont débarrassés de leur « grand Architecte? »
Qu'est-ce enfin? Comme la religion est le bien le
plus nécessaire à l'homme, — à l'homme mortel et
créé pour l'immortalité, — M. Jules Philippe est
instamment supplié d'être plus explicite et plus clair
sur la *religion proprement dite*, et cela en faveur de
ses compatriotes savoisiens et des trente millions de
Français qui admettent l'*ultramontanisme*, soit le
cléricalisme, ou encore *la religion catholique,* qui

est la religion du Pape; la religion du nouveau
docteur de l'Eglise, notre grand saint François de
Sales ; la religion de saint Thomas d'Aquin, de saint
Augustin et de tant d'autres hommes de génie, de
science et de sainteté; la religion des Martyrs, des
Apôtres et de NOTRE-SEIGNEUR JÉSUS-CHRIST.

Sans doute la majorité de la Chambre a toujours
honoré la *religion*? — Quand et comment? —
Est-ce quand cette majorité s'abstenait d'assister aux
prières publiques demandées par l'Etat à l'Eglise en
exécution d'une loi? Est-ce quand elle applaudissait
aux paroles qui attaquaient les catholiques ou le
Souverain-Pontife? Est-ce enfin quand elle a ratifié
par son vote le discours de Gambetta, résumé et
terminé par ces mots :

Le cléricalisme (c'est-à-dire la religion catholique),
voilà l'ennemi ?

La *religion* proprement dite de Gambetta, de
Naquet, de Duportal, etc.! cela doit être facile à
porter! Ils se disent *libres penseurs :* ce qui signifie
que leur *Credo* est à faire. Un clérical qui ne
manque pas d'esprit, Louis Veuillot, ajoutait :
« *Libres penseurs, libres faiseurs.* » — Que c'est
commode!... Mais après?.... Après la mort?...

Le *religion* proprement dite — par opposition au
cléricalisme — c'est peut-être la religion propre aux
radicaux.

Mais les empêche-t-elle d'insulter nos évêques?
Et quand un évêque, comme c'est son droit et son
devoir, dit aux fidèles : « Ne lisez pas tel journal :
il attaque la foi, l'Eglise... » comme on lui ferait un
procès, si on le pouvait!

Oui, certes, le caractère principal du radicalisme,
c'est, — malgré l'hypocrisie de la *religion* proprement dite, — la haine de la vraie religion, qui est la
religion catholique. Jamais les radicaux n'ont blâmé
la persécution dirigée contre l'Eglise en Suisse, en
Allemagne, en Italie, en Russie. Non-seulement ils
ne la blâment pas, mais ils l'approuvent, ils l'appel-

lent en France de leurs vœux, ils la préparent de leur mieux par des attaques incessantes contre l'Eglise, le Pape, les Evêques, le Clergé, les Ordres religieux, etc., et cela malgré la perspective de légitimes condamnations. Grand Dieu! quelles calomnies, quels outrages dépassant toutes les limites de l'ignoble et de l'abject ne poursuivraient pas sans cesse le clergé, si les lois étaient muettes et la justice impuissante à défendre une classe de citoyens!

Oui, le *cléricalisme*, ou le *catholicisme*, est vraiment traité en ennemi! Quand la Commune a fusillé les « otages, » parmi ces nobles victimes on comptait UN magistrat, DEUX soldats et VINGT-SEPT membres du clergé. Alors comme aujourd'hui, on haïssait à mort la magistrature, l'armée et le clergé, le clergé surtout!

En 1848, la mort héroïque de l'Archevêque de Paris a été comme le signal de la pacification civile; en 1871, l'assassinat des « otages » n'a point désarmé les esprits : il semble même que le sang versé a allumé la soif du sang. Tant le progrès dans la barbarie s'est accéléré depuis 1848!

Catholiques! ne le perdez pas de vue un instant :

« C'est la foi, elle surtout, elle uniquement qui est en question dans toutes les questions, et en elle les suprêmes intérêts sociaux dont vous êtes plus ou moins responsables (1). »

V

LE GRAND INCONNU QUI EST A DEUX PAS DE NOUS.

Si tous les conservateurs savent se grouper autour du Maréchal, qui tient d'une main si loyale et si ferme les destinées de la France, tout est sauvé, l'abîme est fermé, les méchants et les agitateurs seront contenus et les bons rassurés.

(1) Aug. Nicolas, la *Révolution et l'Ordre chrétien*, p. 100.

Mais si, sans raison valable et contre toute raison, les électeurs abusés et enjôlés par le *radicalisme* et la *franc-maçonnerie* renvoient à Versailles des adversaires qui somment le Président de « se soumettre ou de se démettre, » qu'arrivera-t-il? — Dieu seul le sait, et nous ne pouvons en prévoir quelque chose sans frémir.

La Chambre radicale, ivre d'orgueil, de colère et de ressentiment, déposera les restes d'un respect hypocrite envers le Président de la République qui, selon sa parole, tiendra à honneur et à devoir de « rester à son poste jusqu'au bout. » Les coalisés n'ont-ils pas le dessein de rentrer « comme des juges? » Nul donc ne saurait conjecturer quels conflits vont surgir entre les trois Pouvoirs, qui sont établis par la Constitution pour agir de concert. Le *radicalisme*, un instant arrêté dans sa marche, reprendra son élan plus impétueux, plus fou, plus furieux, plus irréligieux et plus destructeur; la *Franc-Maçonnerie* et l'*Internationale* feront des progrès plus rapides; l'abîme croissant du désordre moral appellera inévitablement l'abîme du désordre matériel armé de fer et de feu; une presse impie et satanique trouvera des horreurs inconnues et formera l'aristocratie de la dégradation; et insensiblement tout sera prêt pour une nouvelle Commune, dont celle de 1871 n'aura été que l'ombre !

Heureusement, comme l'a dit spirituellement M. de Cassagnac, le Maréchal est armé « d'un bâton. » La bête radicale recevra encore des coups vigoureux pour la défense, le repos, le bonheur et la sécurité du pays.

Que les intéressés qui profitent des révolutions ne viennent pas nous accuser « d'agiter en pleine sécurité publique le spectre du *péril social*, ce spectre si souvent évoqué depuis 1871, que tout le monde cherche en vain à découvrir, qui n'existe qu'à l'état de vain épouvantail. »

Le *radicalisme*, « notre commun péril, » n'a que trop de partisans :

« Si elle (la Révolution ou la Commune) est en effet, c'est qu'elle a trouvé de quoi se former dans notre société, c'est qu'elle trouve de quoi s'y développer, c'est que nous sommes mûrs pour elle, mûrs pour la destruction.

« C'est là ce qui fait que nous ne réagissons pas, que nous subissons les plus odieux excès, les plus sauvages tentatives (1).

« La société, parvenue au point extrême de débilité, va se rompre, se briser, se dissoudre à travers une épouvantable catastrophe, dans une crise de brutalisme (2).

« Le sentiment de la haine n'a fait de pactes avec la bourgeoisie, en la faisant monter, que pour la précipiter à son tour. Aujourd'hui, il s'attaque à la carcasse même du vaisseau. Il est devenu radical, et convoite la destruction pour la destruction même, par pure haine, haine même des débris. Les malheurs de la patrie ne lui ont pas suffi; car elle peut se relever encore, et ce n'est pas, après tout, d'une question de patrie qu'il s'agit pour lui, mais d'une question de société, dans laquelle tout est compris, tout est détesté : Religion, Patrie, Pouvoir, Famille, Propriété.

« Religion surtout ! suprême hommage rendu par la haine sociale à cette mère des sociétés (3). »

Si le *radicalisme* triomphe par l'élection des gambettistes ou des adversaires du Maréchal-Président, s'il s'installe en France, il provoque immédiatement une coalition des puissances voisines, puis une guerre et une invasion. Gambetta reviendrait, à la joie et au profit de nos ennemis, le « dictateur de l'incapacité, » le général en chef des armées françaises, ou le ministre de la guerre, etc., etc.; toute la lamentable histoire de 1871 serait à recommencer,

(1) Aug. Nicolas, l. c. p. 99.
(2, L. c. p. 80.
(3) L. c. p. 113.

et nos malheurs n'obtiendraient pas même la compassion de l'Europe et du monde, puisque cette fois ils seraient prévus et volontaires.

Voter pour les ennemis du Maréchal, c'est donc voter pour des désastres sans nom et encourir devant la patrie et devant Dieu une horrible responsabilité.

VI

LE RADICALISME, VOILA L'ENNEMI !

Qu'on ne l'oublie pas, le fameux programme de 1869 n'est qu'un minimum des exigences radicales. Mais si le minimum des changements et des destructions est déjà si étendu, où s'arrêtera le maximum ?... au *nihilisme* russe, à l'*an-archie* de Proudhon, par delà les crimes et les catastrophes de la *Terreur* et de la *Commune* ?...

Le *radicalisme* opportuniste a vécu ; le modéré (s'il y en a un) ne vivrait guère ; le « fou furieux » voudrait tout dominer ; puis, avant peu, le Saturne radical dévorerait même ses enfants.

Ce serait la barbarie, la pire de toutes, la barbarie dans l'athéisme, le sang et le feu ! La barbarie dans un enfer anticipé ! La barbarie avec le hideux et sanglant cortége de tous les crimes et de tous les malheurs ! Voilà dans quel abîme on tomberait de chute en chute, par la force des choses, en vertu de l'impulsion acquise, et malgré les illusions ou la modération de tel ou tel radical simple et naïf.

Le rempart providentiellement posé entre la France et l'abîme, c'est le Maréchal, qui « restera jusqu'au bout » à son poste d'honneur et de dévouement. Aussi, malgré les tribunaux correctionnels, quel

déchaînement de colères et d'outrages contre l'héroïque soldat qui veille au salut de la France !

D'après la Constitution, « le Président choisit ses
ministres. » Et le Maréchal-Président, en vertu de
son droit strict, constitutionnel, a choisi pour ministres les hommes les plus honorables, des hommes
qui méritaient parfaitement sa confiance. Et voilà que
la Chambre basse leur dit : « Vous n'avez pas notre
« confiance ; nous vous refusons le budget de 1878 ! »
N'est-ce pas là vouloir s'emparer des ministères et,
par suite, des administrations, et porter une grave
atteinte aux droits constitutionnels du Président?
Les exigences radicales sont même allées en croissant : « *Le Président se* SOUMETTRA *ou se* DÉMETTRA ! »
Mais « se soumettre » aux radicaux, fussent-ils
même 363, ou « se démettre » est une alternative
contraire à la Constitution, une illégalité grave.
C'est, de plus, une offense à l'honneur d'un vaillant
soldat qui ne désertera pas le camp conservateur, et
ne s'enfuirait pas en Espagne au moment du danger.

Comme l'observe judicieusement le *Monde*, « la
manie jacobine de M. Gambetta a bouleversé l'an-
cienne Chambre des députés, et amené un conflit
sans issue, ou du moins sans issue connue. »

Les électeurs croiront-ils faire une œuvre utile et
patriotique en élisant les tenants de Gambetta, les
363, une Chambre enfin qui refuse le budget, qui
suspende l'exécution des lois en vigueur et mette en
grève tous les fonctionnaires publics !

La grève de tous les fonctionnaires publics, y
compris les ministres, les sénateurs et les députés, —
les députés aussi ! — une grève causée par la banqueroute forcée de l'Etat, cela ne s'était jamais
encore vu ! et avec une nouvelle Chambre radicale,
cela pourrait se voir en 1878 !

Bien plus, si le Président de la République se
soumettait au *radicalisme*, il n'y aurait plus réelle-
ment trois Pouvoirs exécutifs : le Pouvoir exécutif
serait enchaîné et absorbé par la Chambre ; quan
t

au Sénat, il serait impuissant, c'est-à-dire invalidé.

Si les élections nouvelles sont radicales, le pays sera plus que jamais divisé : ce sera une abondante floraison de la haine et des dissensions civiles, en attendant les fruits amers de la guerre civile.

Il est des républicains qui se soucient fort peu de la religion, comme d'une chose inutile. Un républicain, M. de Tocqueville a dit très-sensément :

« La religion est beaucoup plus nécessaire dans la république qu'ils préconisent que dans les monarchies qu'ils attaquent, et dans les républiques démocratiques que dans les autres. » Ainsi, le radicalisme, en faisant la guerre à la religion catholique, est l'ennemi du peuple et de la société, l'ennemi des mœurs et de la civilisation.

Que ferait-il de la fortune publique ? Quand les radicaux administraient nos finances, 248,000,000 fr. ont disparu, d'après la Cour des comptes. **Deux cent quarante-huit millions !** Quelle somme incalculable de soucis, de sueurs, de coups de marteau, de scie ou de rabot, de pioche ou de faulx, de privations et de larmes peut-être ils ont dû coûter au peuple qui les avait apportés dans les caisses de l'Etat !

Gambetta ne parlait-il pas *de déposséder la Banque de France !*

Chacun connaît la fameuse parole du citoyen Gambetta : *Je déposséderai, s'il le faut, la Banque de France.* L'ex-dictateur de Tours et de Bordeaux ne fut pas le seul à penser que les billets de notre grand établissement financier étaient la propriété des républicains.

Voici ce que télégraphiait le citoyen Esquiros à son chef, ami et complice, M. Gambetta :

Marseille, 30 octobre 1870.

N° 5743.

Préfet à Intérieur, Tours.

« Ordonnez de saisir dans toutes les succursales de la Banque de France les *fonds qu'elles ont.*

« Si nous ne prenons pas quelques mesures extra-légales, le peuple nous débordera, *et il aura raison.* »

Vous qui possédez quelque fortune, êtes-vous bien sûrs que ceux qui ont menacé de dévorer les aigles, épargneront les mouches et les moucherons?

Le *radicalisme* se moque de l'ordre moral, « comme si l'ordre moral d'aujourd'hui n'était pas l'ordre matériel de demain ! »

Voici le programme qu'a donné un homme considérable dans la politique actuelle :

« Nous demandons non-seulement l'*impunité* pour l'outrage à la *morale religieuse*, mais encore et au même titre à la *morale publique.* »

Tout commentaire est superflu, n'est-ce pas?

Selon Montesquieu, « il n'y a pas de vainqueur si barbare, dans nos temps modernes, qui ne laisse aux vaincus ces grandes choses : la vie, la liberté, les lois, les biens, et *toujours la religion.* »

Eh bien! les radicaux, s'ils étaient vainqueurs, ne nous laisseraient — ils l'ont déclaré cent fois — *ni la liberté, ni les lois, ni les biens, ni les mœurs, ni la religion.*

Ils ne nous laisseraient pas la liberté : la *liberté d'enseignement*, puisqu'ils veulent l'enseignement *laïque*, c'est-à-dire ATHÉE et OBLIGATOIRE. On se rappellera comment Gambetta a parlé de la liberté d'enseignement supérieur, établie par une loi qui a été très-laborieusement conquise par les orateurs catholiques. Ils nous laisseraient moins encore la liberté la plus importante de toutes, la liberté religieuse, puisque pour eux « le *cléricalisme*, le catholicisme, *c'est l'ennemi* ! » Et ici, leurs actes répondent parfaitement à leurs paroles. Ils sont fidèles dans toutes leurs menaces.

Nous laisseraient-ils les lois et les institutions qui conservent quelque chose de chrétien? Non, puisque le *radicalisme* est précisément l'anti-christianisme, et que c'est principalement l'*ordre chrétien* qu'il s'acharne à détruire.

« On connaît le programme du radicalisme, écrivait *Le Monde*, vers la fin de mai dernier : porter une main hardie et expéditive sur toutes les institutions nationales : Administration, armée, clergé, magistrature, doivent être bouleversés de fond en comble. De tout ce qui rappelle le passé, rien ne doit rester debout. »

Cela rappelle le mot terrible d'un grand génie flétri par les passions :

— Je voudrais, dit-il un jour, détruire tout ce qui existe.

— Et que mettriez-vous à la place ? répondit-on.

— Rien....

Ce *Rien* est sublime comme horreur morale.

Eh bien ! le *radicalisme* est le génie non de la politique, non de la guerre, non de la littérature, non des bonnes choses quelconques, — 1870-71 ne l'a que trop démontré, — mais le génie de la destruction. C'est l'art de détruire ou *brusquement* ou *lentement, mais sûrement*.

Triste perspective !

« De la haute bohème, nous sommes tombés dans la basse, dans la bohème d'estaminet et de cabaret. La noble France est devenue la proie des truands !

« Après l'invasion, la Commune ; après la Commune à Paris, la Commune partout, poussant à la suprême catastrophe sociale.

« C'est le dernier acte de la Révolution (1). »

Voilà « NOTRE COMMUN PÉRIL ! » comme l'a dit le soldat vigilant qui garde la fortune de la France.

VOILA L'ENNEMI !

L'ennemi du Maréchal-Président,

L'ennemi du Sénat,

L'ennemi des conservateurs,

L'ennemi des catholiques,

L'ennemi de l'ordre,

L'ennemi de la liberté,

(1) Aug. Nicolas, *La Révolution et l'Ordre chrétien*, p. 97.

L'ennemi des finances publiques et de la propriété privée,

L'ennemi de la religion catholique,

L'ennemi de la France !

VII

OU MAC-MAHON OU GAMBETTA.

Toutes les Gauches ne forment, sous le général Gambetta, qu'une légion, qui porte le n° 363, quoique ce numéro ne réponde plus aujourd'hui à autant d'unités.

Parmi les 363, beaucoup se disent « conservateurs. » Gambetta lui-même, on s'en souvient, a revendiqué ce titre uniquement pour lui et les siens.

Et nous sommes tout disposé à croire que les radicaux tiennent à *conserver* les écus et les biens qu'ils ont acquis depuis le 4 septembre 1870, grâce à nos révolutions et à nos malheurs. Ils tiennent à *conserver* ou ne se pressent pas de restituer 248 MILLIONS qui manquent à l'appel dans les caisses de l'Etat.

Les 363 sont surtout conservateurs de leur titre de député, vu que ce titre vaut 25 francs par jour. Neuf mille francs ! mais c'est le revenu d'une fort jolie ferme, un revenu privilégié qui n'est pas atteint par l'incendie, broyé par la tempête, écorné par la retenue, etc.

Les 363 conserveraient beaucoup de biens temporels,... s'ils les possédaient. C'est même pour posséder et conserver davantage qu'ils se sont embrigadés en *Société d'assurance mutuelle contre la non-réélection*, et qu'ils vont faire et feront faire des efforts inouïs pour rattraper leurs bien-aimés 25 francs de chaque jour.

La plupart des 363 sont des « couches nouvelles, » naturellement maigres et pauvres de principes nourriciers, aimant beaucoup d'amendements.

Avec la gratuité de la députation, la légion des 363 n'aurait pas même été dissoute, pour l'excellente raison qn'elle n'aurait pas été formée.

Les 363 sont donc ou peuvent se dire conservateurs, et ce mot « conservateur, » affiché sur une tête ou dans une profession de foi, n'est pas une garantie suffisante.

Il faut, de plus, allier la religion avec le patriotisme : « Se faire du patriotisme une religion, en se faisant de la religion un patriotisme »; il faut être ami et conservateur de cette divine religion qui assure, préserve et maintient tout le reste ; en résumé :

IL FAUT ÊTRE CONSERVATEUR CATHOLIQUE, OU CONSERVATEUR AVEC LE MARÉCHAL-PRÉSIDENT.

Aujourd'hui, il n'existe en France que deux grands partis : celui de la *révolution* ou du *radicalisme*, personnifié dans M. Gambetta ; et celui des *vrais* conservateurs, des hommes d'ordre, glorieusement représenté par le Maréchal de Mac-Mahon.

Chose étrange et sans précédent peut-être dans les annales des aberrations humaines! Gambetta qui, au rapport de M. Ordinaire, a courtisé la famille d'Orléans ; qui traite la nombreuse suite de ses courtisans avec la dernière insolence ; qui, parti de rien, sans sou ni maille, a aujourd'hui un hôtel, un équipage, et paraît dépenser comme un prince plusieurs fois millionnaire ; qui cherche à préparer son avénement à la présidence de la République ou du moins à un ministère monarchique ; qui, très habile à favoriser ses intérêts personnels, a toujours mal gouverné la barque de la démocratie ; qui, grâce à l'aberration et à l'illusion de ses entours, est parvenu à se faire une réputation d'homme incomparable ; qui, pour éviter les ennemis et les danger du siége de Paris, s'évada en ballon et s'improvisa dictateur aussi omnipotent qu'incapable ; qui, par impéritie ou étourderie, introduisit un bouleversement complet dans les attributions des autorités civiles et militaires ; qui, vivant d'arbitraire et de caprice, remplaça les conseils municipaux par des commissions municipales de sa création; qui a dissous les conseils généraux issus du suffrage universel par des commissions départementales que désignaient ses préfets improvisés; qui, à l'approche des dangers de la Commune, s'enfuit à Saint-Sébastien, comme il s'était sauvé par la fuite (sic), quand on lui annonçait que les Prussiens étaient à quelques lieues de là; qui a réalisé une fortune dont M. Ordinaire ne veut pas dire de quelle façon elle a été faite; qui....; ce M. Gambetta est mis en parallèle avec le brave, le loyal, le patriote Maréchal de Mac-Mahon, et lui est préféré par des millions de Français!!!

Si un *clérical* quelconque avait à son passif la centième, la millième partie de ce que MM. Ordinaire, Lanfrey, de Girardin, etc., reconnaissent au chef des radicaux, il n'y aurait pas assez d'eau, non pas au lac d'Annecy, non pas au lac de Genève, mais dans l'Océan, pour laver ce *clérical*.

Et M. Gambetta veut *présider le Président*, il veut « le soumettre », et en faire comme son adjoint, son agent, son commis, son subordonné: Le Maréchal devra « se soumettre » au gré de l'ex-dictateur de l'incapacité! Est-ce possible?

Français, que pensez-vous de tout cela, vous qui aimez l'antique gloire, la prospérité et la sécurité de votre patrie? De quel côté votre raison, votre sentiment de l'honneur vous dit-il d'incliner?

« Le Maréchal, a dit M. Brunet, reste sur le terrain conservateur; *c'est qu'il n'est pas d'autre terrain pour un gouvernement qui veut vivre et qui se respecte.* »

La noble France n'est pas faite pour subir un radicalisme qui semble formé de rapacité et qui est à coup sûr doublé d'incapacité et retentissant de loquacité. Elle devrait dire, avec M. de Girardin : L'HEURE A SONNÉ DES COMPTES A RENDRE!

Solution d'un problème très-intéressant pour tous les Français.

Comment les dix millions d'électeurs français peuvent-ils gagner chacun 24 francs 80 centimes, le jour de l'élection générale des députés ?

RÉPONSE. — En votant en majorité pour le gouvernement du Maréchal de Mac-Mahon, ou en votant en majorité contre les *gambettistes*. Cette majorité conservatrice, honnête, soucieuse de la fortune publique, instituera une *commission* ou ordonnera une *enquête pour la recherche des 248 millions perdus.* Tout porte à espérer que les millions égarés seront retrouvés, et ainsi le peuple souverain comptera 248 millions de plus dans ses caisses. Et comme chaque électeur en a sa part, — chacun, radical ou conservateur, — chacun en gagne la dix-millionnième partie, soit 24 francs 80 centimes.

En outre, si ceux qui ont laissé partir le quart d'un milliard revenaient au pouvoir, un nouveau quart de milliard s'égarerait vraisemblablement encore : ce qui s'est fait peut toujours se faire ; la soif de l'or va toujours en croissant. C'est réaliser un profit considérable, c'est faire un acte de patriotisme que *d'assurer la fortune publique contre les tentatives de la rapacité ou les agissements de l'incapacité.* De ce côté-là encore chaque électeur peut facilement gagner 20, 30 ou 50 francs, et plus encore, le jour de l'élection générale.

CONCLUSION.

Donc la situation est nette, le choix facile.

La récente mort de M. Thiers a singulièrement simplifié les choses.

Qui n'est pas avec le Maréchal est contre lui, et sert les intérêts du *radicalisme*, lequel doit être maintenant connu dans son programme et dans ses conséquences.

Qui est indifférent et s'abstient, manque gravement à ses devoirs les plus sacrés envers Dieu, sa religion et la patrie.

Qui travaille pour le *radicalisme*, si la bêtise ne l'excuse, n'agit ni en bon chrétien ni en bon citoyen. Cette conclusion ressort évidemment de tout ce qui précède.

Nous ne pouvons terminer l'étude présente sans signaler un adversaire puissant que rencontreront le Maréchal et les vrais conservateurs : la Franc-Maçonnerie.

Le but essentiel de la Maçonnerie, le voilà: c'est de miner tout ordre religieux et social; elle pousse, parallèlement, et à des profondeurs égales, ses travaux de sape et de démolition sous les autels et sous les trônes qui sont encore debout; trop aveugle qui ne le voit pas !

Elle dit qu'elle porte un flambeau pour éclairer le monde; non, c'est une torche, pour l'incendier.

La doctrine qui domine dans ses Loges, c'est l'impiété, c'est la négation radicale du christianisme; et la négation, implicite mais réelle, non pas seulement de Jésus-Christ, mais de Dieu; non pas seulement de la religion chrétienne, mais de toute religion, de tout culte. Les progrès qu'elle rêve pour l'humanité, les voilà.

Et la forme politique qu'elle poursuit pour réaliser ces desseins, pour édifier cette société nouvelle, sans croyances, sans culte, sans Christ et sans Dieu, c'est la république partout substituée aux monarchies: mais la république démocratique et sociale.

Voilà ce qu'il y a, par la force des choses, au fond de

tout ce travail maçonnique, quelles que puissent être ici
les illusions et les inconséquences de tel ou tel franc-
maçon trop abusé.

C'est le sens de ses plus hauts symboles ;

Ce sont là les idées qui s'élaborent dans les Loges, et
qui, grâce à cette puissante organisation maçonnique,
et à l'active propagande des Maçons dans le monde pro-
fane, se répandent, avec une rapidité effrayante, dans
toutes les couches d'une société.

Et, au jour donné, quand les idées ont fait leur che-
min, les mines sautent (1).

Si nous craignons, que notre crainte nous fasse
agir avec une plus énergique résolution !

> Celui qui met un frein à la fureur des flots,
> Sait aussi des méchants arrêter les complots.

Dieu dirige les nations sur la terre, *gentes in
terrâ dirigis :* Dieu dirige et PROTÉGE LA FRANCE.

Que chacun fasse son devoir, dans la mesure de
ses facultés, de ses ressources, de son pouvoir, de
son influence, et tout est sauvé, tout sera réparé !

(1) *Etude sur la Franc-Maçonnerie*, par Mgr l'évêque d'Orléans, page 82.

APPENDICE

EXTRAITS

d'un discours du Souverain Pontife

AUX PÈLERINS D'ANGERS.

On doit donc en France choisir des représentants. Ah! fasse le Ciel que ceux qui doivent les élire, dépouillés de tout esprit de parti, choisissent des hommes qui aient l'esprit de conseil et de force pour résister aux maux qui menacent la France et la société tout entière...

A quoi sert de se le dissimuler, mes chers enfants? Vous voyez mieux que moi que vous avez des ennemis intérieurs qui vous minent et des ennemis extérieurs qui vous menacent. Les ennemis intérieurs vous minent et vous menacent aussi par le moyen de la presse et par toute sorte d'iniquités et de complots ténébreux, entretenant ainsi les espérances des ennemis extérieurs, qui se réjouissent des divisions de leurs adversaires, grâce auxquelles ils pourront mieux les combattre. Il est nécessaire de les comprimer, afin que l'ennemi commun ne se prévale pas de vos dissensions intérieures pour arriver à son but, qui est celui de combattre non-seulement la France, mais la religion catholique.

Je continue donc à prier Dieu (pour la France)....

Et toi, ô France, pays privilégié de Dieu, tourne sans plus tarder les regards vers lui; prie, aie confiance et agis dans le sens que je viens d'indiquer.

Paroles mémorables du Maréchal-Président

Dans son message de mai dernier, le Maréchal disait :

Ce programme (radical) est bien connu. Ceux qui le professent sont d'accord sur tout ce qu'il contient, ils ne diffèrent entre eux que sur les *moyens* appropriés et le *temps opportun* pour l'appliquer.

Ni ma conscience ni mon patriotisme ne me permettent de m'associer, même de loin et pour l'avenir, au triomphe de ces idées.

Je ne les crois opportunes ni pour aujourd'hui ni pour demain, ni à quelque époque qu'elles dussent prevaloir; elles n'engendreraient que le désordre et l'abaissement de la France.

Je ne veux ni en tenter l'application moi-même ni en faciliter l'essai à mes successeurs. (Rires à gauche.) Tant que je serai dépositaire du pouvoir, j'en ferai usage dans toute l'étendue de ses limites légales pour m'opposer à ce que je regarde comme la perte de mon pays. (A droite : Très-bien ! très-bien !)

www.ingramcontent.com/pod-product-compliance
Lightning Source LLC
Chambersburg PA
CBHW071010280326
41934CB00009B/2246